Das Buch

Zu Beginn einer jeden praktischen Fahrerlaubnisprüfung werden seit dem Jahre 2000 einige technische Fragen zum Fahrzeug abgefragt. Der Zweck dieser Fragen ist der, dass jeder Kraftfahrer für den verkehrssicheren Zustand seines Fahrzeugs verantwortlich ist, somit auch in der Lage sein muss, diesen auch überprüfen zu können.
Diese Überprüfungen heißen "Technische Sicherheitskontrollen" oder auch "Fahrtechnische Vorbereitungen".

Dieses Werk beinhaltet sämtliche Themen, welche in der praktischen Prüfung der Klasse B abgefragt werden können (Januar 2018). Leider beinhalten die Bücher der Lehrmittelverlage, welche über die Fahrschulen vertrieben werden, nicht oder nur peripher dieses Fachgebiet. Diese Themen müssen also in den praktischen Übungsstunden umfangreich erörtert werden, was wertvolle Zeit und somit unnötiges Geld für den Fahrschüler kostet!

Diese Lektüre in den Händen eines Fahrschülers befähigt diesen, sich umfangreiches Wissen und Hintergrundwissen anzueignen. Somit ist er in der Lage viel Zeit und somit Geld zu sparen, da nun der Fahrlehrer nur noch auf die fahrzeugspezifischen Gegebenheiten hinweisen muss und so auch mit deutlich reduziertem Zeitaufwand auf die Prüfungsreife des Fahrschülers bezüglich dieser Themen hinarbeiten kann!

Außerdem erlaubt dieses Werk dem Leser unproblematisch alle Themen jederzeit aufzufrischen, also auch noch etliche Jahre nach der bestandenen Prüfung, zum Beispiel für den Erwerb eines gebrauchten Fahrzeugs.

Die zahlreichen Fotos wurden vom Autor aufgenommen.

Der Autor

Gerhard Jeschull, geboren 1966 in Lübeck, lebt in Stockelsdorf. Er ist seit Oktober 1991 Fahrlehrer für die PKW-, LKW- und BUS-Ausbildung, ab dem Jahr 1993 auch Motorradfahrlehrer. Diese langjährige Berufserfahrung wurde nur durch eine anderweitige rund dreijährige Tätigkeit unterbrochen.

Aktuell agiert der Autor in erster Linie in der PKW-Ausbildung.

Diese Lektüre ist bereits das zweite Buch des Autors. Das erste ist allerdings kein Sachbuch, sondern ist im Bereich der Belletristik angesiedelt.

Bibliographische Informationen der Deutschen Nationalbibliothek:
Die Deutsche Nationalbibliothek verzeichnet diese Publikation
in der Deutschen Nationalbibliographie; detaillierte bibliographische
Daten sind im Internet unter http://dnb.dnb.de abrufbar.

1. Auflage Januar 2018

Text, Layout, Photos und Cover:
Gerhard Jeschull

Herstellung und Verlag:
BoD – Books on Demand, Norderstedt

Made in Germany

ISBN: 9783746078199

Gerhard Jeschull

Technik in der praktischen Fahrerlaubnisprüfung

- Klasse B -

Technische Sicherheitskontrollen (Fahrtechnische Vorbereitungen) der Klasse B

Gemäß der Prüfungsrichtlinie Kfz / Anlage 10 sind zu Beginn der praktischen Prüfung der Klasse B Sichtkontrollen stichprobenartig durzuführen. Diese Kontrollen dienen der Überprüfung des ordnungsgemäßen Zustandes und werden ohne Werkzeug und Hilfsmittel aus folgenden Bereichen ausgesucht:

- **Bereifung** (Seite 7)
- **Beleuchtung & Kontrollleuchten** (Seite 13)
- **Rückstrahler** (Seite 21)
- **Lenkung** (Seite 21)
- **Bremsen** (Seite 22)
- **Flüssigkeitsstände (Betriebsmittel)** (Seite 24)

Fehler, die bei den fahrtechnischen Vorbereitungen gemacht werden, können alleine nicht zum Nichtbestehen der Prüfung führen. Sie sind jedoch eine Entscheidungshilfe des Prüfers und fließen in die Gesamtbewertung der praktischen Prüfung mit ein.

Der psychologische Effekt ist allerdings für den Prüfer UND für den Prüfling nicht unerheblich, denn immerhin ist es der erste Eindruck!

Bereifung

o **Profiltiefe:** Die gesetzliche Mindestprofiltiefe beträgt 1,6mm. Empfehlenswert sind aber bei Sommerbereifung min. 3mm und bei Winterbereifung min. 4mm. Bei Ganzjahresbereifung im Sommerhalbjahr min. 3mm und im Winterhalbjahr (O bis O-Regel - siehe Seite 11) min. 4mm.

Die Profiltiefe kann wie folgt ermittelt werden:

- An den TWI-Indikatoren (Tread-Wear-Indicator), auch Verschleißanzeiger genannt.

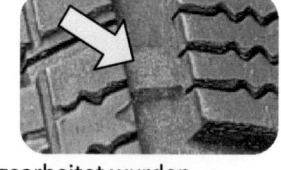

Diese sind kleine Stege, welche über die gesamte Lauffläche verteilt sind und meist quer zur Fahrt-richtung in die Profilrillen eingearbeitet wurden. Um die Indikatoren leicht finden zu können, ist meist auf den Seitenflanken der Reifen eine Markier-ung zu finden (z.B. ein Pfeil oder die Buchstaben "TWI"). Dort befinden sich dann auf der Lauffläche diese Indikatoren.
Die Mindestprofiltiefe ist erreicht bzw. unterschritten, wenn die Lauffläche soweit abgefahren ist, dass die Lauffläche und mindestens einer dieser Stege auf einer Ebene liegen.

- Mit einer Ein-Euro-Münze, denn dessen goldfarbener Rand hat eine Höhe von 3mm. Das Geld-stück einfach in eine der Haupt-Hauptrillen stecken.

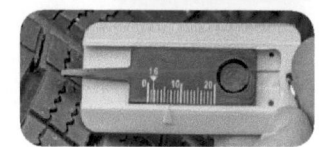

- Mit einem Profiltiefen-messer aus dem Fach-handel kann die tat-sächliche Profiltiefe am

präzisesten ermittelt werden. Dieser wird in die Hauptrillen gesteckt und zeigt dann die tatsächliche Profiltiefe
an.

Die Mindestprofiltiefe von 1,6mm darf auf 75% der
Laufflächenbreite auf dem gesamten Umfang des Reifens
in den Hauptrillen nicht unterschritten werden.

Außerdem kann geprüft werden, ob die Profiltiefe von
einer Seite auf die andere etwa gleich tief ist. Sollte
dieses nicht der Fall sein, dann sollte die Radgeometrie in
einer Werkstatt geprüfte werden.

Info: ein Neureifen hat etwa 8-9mm. Wie wichtig die
Profiltiefe ist, das wurde z.B. durch Bremstests ermittelt.
Bei Nässe hat ein Reifen mit 8mm einen Bremsweg aus
80km/h von ca. 42m, mit 3mm ca. 52m und mit 1,6mm
61m. Oder anders ausgedrückt: man hat noch eine
Kollisionsgeschwindigkeit von ca. 34km/h mit 3mm
Profil und ca. 44km/h mit der gesetzlichen
Mindestprofiltiefe von 1,6mm dort, wo ein Fahrzeug
mit 8mm-Reifen bereits steht! (Quelle: www.uniroyal.de)

o **Reifen gem. Zulassungsbescheinigung Teil I (Fz.-Schein).**
Die in den Feldern 15.1 und 15.2 angegebenen Reifen
müssen grundsätzlich aufgezogen sein. Reifenbreite und
Querschnittverhältnis müssen genau den Angaben im
Fz.-Schein entsprechen. Tragfähigkeitsindex und / oder
Geschwindigkeitsindex dürfen auf dem Reifen auch
höherwertig sein.

Info: Geschwindigkeitsindextabelle (Auszug)

Index	Q	R	S	T	U	H	V	W
Km/h	160	170	180	190	200	210	240	270

Info: Tragfähigkeitsindex (Auszug)

Index	Reifenlast (kg)	Index	Reifenlast (kg)
80	450	90	600
81	462	91	615
82	475	92	630
83	487	93	650
84	500	94	670
85	515	95	690
86	530	96	710
87	545	97	730
88	560	98	750
89	580	99	775

○ **Beschädigungen**: Einschnitte, Risse, Porosität, Beulen, Fremdkörper (Schrauben, Nägel, Steine...) dürfen nicht vorhanden sein.

○ **Luftdruck:** Die Luft kann nur sehr grob durch Ansicht geprüft werden. Sollte ein Luftdruckverlust sichtbar sein, dann ist dieser erheblich! Den genauen Druck kann man z.B. an einer Tankstelle testen, was etwa alle 2-3 Wochen erfolgen sollte. Den Sollluftdruck findet man in der Betriebsanleitung (Handbuch) des Fahrzeugs, außerdem in der Tankklappe oder im Bereich des Fahrereinstiegs.

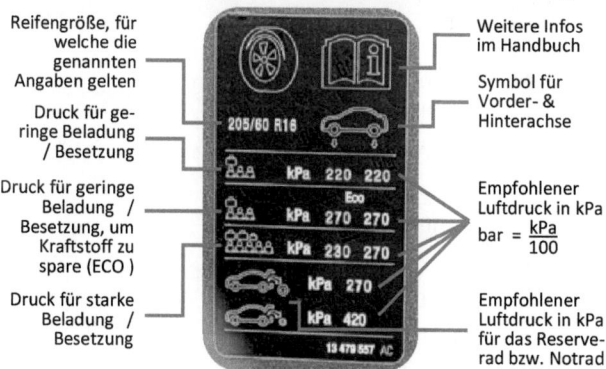

Reifengröße, für welche die genannten Angaben gelten

Druck für geringe Beladung / Besetzung

Druck für geringe Beladung / Besetzung, um Kraftstoff zu spare (ECO)

Druck für starke Beladung / Besetzung

Weitere Infos im Handbuch

Symbol für Vorder- & Hinterachse

Empfohlener Luftdruck in kPa
$bar = \frac{kPa}{100}$

Empfohlener Luftdruck in kPa für das Reserverad bzw. Notrad

Info: Den Luftdruck bitte nur kurz nach Fahrtantritt, also bei kalten Reifen prüfen, denn schon nach wenigen Kilometern erwärmen sich die Reifen, wodurch der

Luftdruck steigt. Dieser Effekt ist gewünscht und darf nicht korrigiert werden!

Eine Erhöhung des Solldrucks um etwa 0,2 bar schadet den Reifen nicht. Allerdings erhöhen sich bereits bei einer geringen Unterschreitung des empfohlenen Luftdrucks der Reifenverschleiß und der Kraftstoffverbrauch!

Die Fahrt zur Tankstelle ist nicht erforderlich, wenn das Fahrzeug den genauen Luftdruck eines jeden Reifens im Display anzeigt und dieser korrekt ist.

o **Reifenalter**: Den Produktionszeitraum findet man am Ende der DOT-Nummer. Die letzten vier Zahlen zeigen diesen Zeitraum. 4015 bedeutet z.B. 40. Kalenderwoche des Jahres 2015 *(siehe Bild unten)*.

Info: Es gibt zwar keine gesetzliche Regelung, jedoch verhärtet sich ein Reifen im Laufe der Jahre. Aus diesem Grunde wird empfohlen, einen Reifen mit einem Alter von maximal sieben Jahren zu fahren.

o **Ventilkappen**: Auf den Ventilen sollte jeweils eine Schutzkappe vorhanden sein, damit diese das Eindringen von Verschmutzungen in die Ventile vermeiden. Fremdkörper im Ventil können zu einem Luftverlust führen!

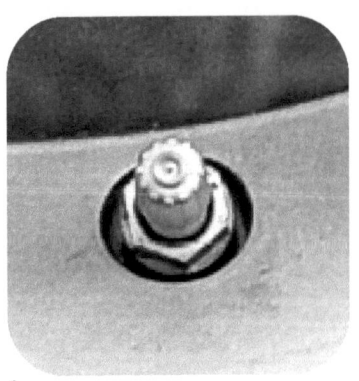

- ○ ***Rotationsrichtung***:
  Sollte eine Rota-
  tionsrichtung auf
  einem Reifen auf-
  gedruckt sein, dann
  darf sich dieser
  Reifen bei Vor-
  wärtsfahrt nur in
  die angegebene
  Pfeilrichtung dre-
  hen.

  Winter- und Ganzjahresreifen besitzen fast immer eine
  vorgeschriebene Rotationsrichtung, welche aber auch
  an manchen Sommerreifen zu finden ist.

- ○ ***Sommer- oder Winterreifen***: Bei Glatteis, Schneeglätte,
  Schneematsch, Eis- oder Reifglätte darf nur mit Winter-
  oder Ganzjahresreifen gefahren werden. Empfohlen
  werden diese Reifen allerdings im Zeitraum von Oktober
  bis Ostern (O bis O-Regel), bzw. bei einer Temperatur
  von unter +7°C, da Sommerreifen ab dieser Temperatur
  einen deutlich verlängerten Bremsweg aufweisen.

  Winter- und Ganzjahresreifen, welche ab dem
  01.01.2018 produziert wurden (Schlüsselung in der DOT-
  Nummer 0118 oder jünger), müssen mit dem Alpine-
  Symbol (Bergpiktogramm mit Schneeflocke)
  gekennzeichnet sein. Ältere Reifen (Schlüsselung 5217
  oder älter), welche ausschließlich mit der M+S-Kennung
  (Matsch + Schnee) versehen sind, dürfen nur noch bis
  zum 30.9.2024 bei den oben genannten winterlichen
  Bedingungen verwendet werden.

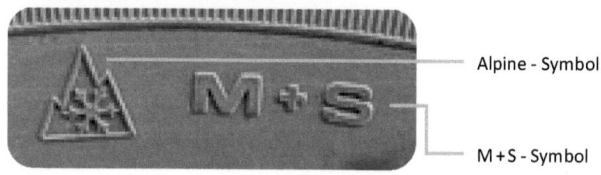

Alpine - Symbol

M+S - Symbol

Info: Winterreifen sollten übrigens nicht im Sommer gefahren werden, da diese gegenüber Sommerreifen bei höheren Temperaturen einen längeren Bremsweg erzeugen!

Beleuchtung & Kontrollleuchten

○ **Beleuchtung:** Folgende Beleuchtungseinheiten müssen zu Beginn der praktischen Prüfung vom Prüfling ein- und ausgeschaltet, sowie auf Funktion, Sauberkeit und Beschädigungen geprüft werden können:

- Standlicht,   - Schlussleuchten,
- Abblendlicht,   - Kennzeichenbeleuchtung,
- Fernlicht,   - Nebelschlussleuchte(n),
- Warnblinker,   - Blinker,
- Bremslicht.

Nebelscheinwerfer, Tagfahrlicht, Parklicht (soweit vorhanden) und Rückfahrleuchten sollten natürlich auch überprüft werden.   Diese werden gemäß der Prüfungs-richtlinie KFZ / Anlage 10 aber nicht geprüft.

→ Mit Standlicht darf alleine nicht gefahren werden. Es ist z.B. beim Parken im Dunkeln zur Beleuchtung des Fahrzeugs gedacht.

→ Abblendlicht, auch Fahrlicht genannt, ist z.B. in der Dämmerung, bei Dunkelheit, bei erheblichen Sichtbehinderungen, in Tunneln, Unterführungen und Parkhäusern einzuschalten.

→ Fernlicht darf nicht eingeschaltet werden, wenn andere Verkehrsteilnehmer durch dieses geblendet würden. Außerdem nicht, wenn die Fahrbahn durch eine durchgehende Straßenbeleuchtung ausreichend beleuchtet wird.

→ Der Warnblinker darf zur Absicherung nach einer Panne oder eines Unfalls eingeschaltet werden. Außerdem zum Abschleppen und abgeschleppt werden. Ferner am Ende eines Staus. Je Seite leuchten drei Leuchten.

→ Die drei Bremsleuchten leuchten bei Betätigung der Fußbremse.

→ Die Schlussleuchten leuchten, sobald Standlicht, Abblendlicht, Fernlicht oder Nebelscheinwerfer eingeschaltet werden.

→ Die Kennzeichenbeleuchtung leuchtet immer zusammen mit den Schlussleuchten, jedoch nicht zusammen mit dem Parklicht.

→ Die Nebelschlussleuchte darf nur bei einer Sichtbehinderung durch Nebel von unter 50m eingeschaltet werden. In der Regel haben Fahrzeuge eine Nebelschlussleuchte. Zwei sind es nur, wenn diese weit entfernt von den Bremsleuchten positioniert wurden.

→ Die Blinker leuchten bei Betätigung des Blinkerhebels. Es sind je Seite drei verbaut.

→ Nebelscheinwerfer dürfen nur bei einer erheblichen Sichtbehinderung durch Nebel, Schneefall oder Regen eingeschaltet werden. Zusammen mit diesem Licht leuchten immer auch die Schlussleuchten und ebenso die Standlichtleuchten. Dieses Licht ist optional, ein Fahrzeug muss also nicht mit Nebelscheinwerfer ausgerüstet sein.

→ Tagfahrlicht leuchtet entweder bei eingeschaltetem Motor oder bereits bei eingeschalteter Zündung. Ältere Fahrzeuge sind nicht mit diesem Licht aus-gerüstet.

→ Parklicht darf innerhalb geschlossenen Ortschaften (statt Standlicht) eingeschaltet werden. Dieses muss auf der der Fahrbahn zugewandten Seite (z.B. in der Dunkelheit) eingeschaltet werden, wenn das Fahrzeug auf der Fahrbahn parkt. Das Parklicht wird in der Regel mit dem Blinkerhebel bei ausgeschalteter Zündung eingeschaltet. Dieses Licht verbauen allerdings nicht alle Automarken. Ist das Parklicht nicht verbaut, dann muss stattdessen Standlicht eingeschaltet werden.

Beispiel-Fz: BMW 316

Blinker / Warnblinker (Seite)

Blinker / Warnblinker

Standlicht / Parklicht / Tagfahrlicht

Abblendlicht

Fernlicht

Nebelscheinwerfer

Beispiel-Fz: BMW 316

Bremslicht

Blinker / Warnblinker

Bremslicht

Schlussleuchte / Parklicht

Nebelschlussleuchte

Rückfahrlicht

Rückstrahler

Kennzeichenbeleuchtung

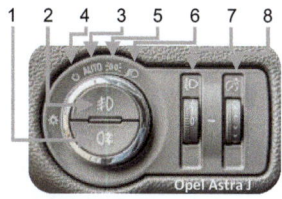

1 Nebelschlussleuchte	5 Standlicht
2 Nebelscheinwerfer	6 Abblendlicht
3 Automatisches Abblendlicht	7 Höhenregulierung der Scheinwerfer
4 Licht aus (Tagfahrlicht leuchtet)	8 Dimmer der Instrumentenbeleuchtung

o **Hupe:** Diese muss betätigt (i.d.R. in Lenkradmitte) und somit auch auf Funktion überprüft werden können.

o **Kontrollleuchten:** Diese müssen in der Prüfung benannt werden können.

Info: Rote Kontrollleuchten bedeuten in der Regel eine Gefahr für die Fahrzeuginsassen oder für das Fahrzeug. Gelbe Kontrollleuchten sollen den Fahrer meist zu einer Handlung auffordern.

Grüne Kontrollleuchten stehen für etwas Einge-schaltetes.

Eine blaue Kontrollleuchte zeigt immer das eingeschaltete Fernlicht (bzw. die Lichthupe).

Leider sind nicht alle Kontrollleuchten standardisiert, weshalb die Fahrzeughersteller oft unterschiedliche Symbole und Farben verwenden.

Folgende Kontrollleuchten leuchten beim Einschalten
der Zündung beim BMW 1er:

Hier eine Auswahl einiger Kontrollleuchten (markenübergreifend):

 Feststellbremse (Handbremse) angezogen. Leuchtet diese Leuchte bei gelöster Feststellbremse, dann fehlt Bremsflüssigkeit oder die Bremsbeläge sind verschlissen. Eine Werkstatt ist in diesem Falle unverzüglich zu kontaktieren. Statt des Ausrufezeichens kann auch ein P bei angezogener Feststellbremse aufleuchten.

 Airbag defekt. Airbag und Gurtstraffer können bei einem Unfall versagen. Eine Werkstatt ist unverzüglich zu kontaktieren.

 Sicherheitsgurt(e) der Frontsitze nicht angelegt. Unbedingt den Lebensretter Nummer 1 anlegen! Nach wenigen Metern Fahrt ertönt in der Regel auch ein akustisches Warnsignal.

 Öldruckwarnleuchte. Leuchtet bei reduziertem Öldruck oder geringen Motorölstand auf. Unverzüglich anhalten, Motor abstellen und den Motorölstand kontrollieren. Ggf. eine Werkstatt kontaktieren.
Achtung: Akute Gefahr für den Motor!

 Ladestromkontrollleuchte. Wenn die Batterie nicht mehr ausreichend geladen wird, dann leuchtet diese Leuchte. Unverzüglich eine Werkstatt kontaktieren, da der Generator defekt oder der Keilriemen gerissen sein kann.

Kühlmittel-Temperatur zu hoch. Unverzüglich anhalten und grundsätzlich den Motor nicht ausschalten, damit der Motor keinen Schaden nimmt (außer bei älteren KFZ - siehe Fz.-Handbuch). Kühlwasserstand überprüfen, jedoch keinesfalls den Ausgleichbehälter öffnen.
Achtung: Akute Verbrühungsgefahr!

Motorstörung. Leuchtet bei einer Störung der elektronischen Motorsteuerung oder des Abgassystems. Mit reduzierter Motorleistung eine Werkstatt aufsuchen.

 Elektronisches Stabilitätsprogramm (ESP) / Anti-Schlupf-Regelung (ASR). In der Regel blinkt diese Leuchte, wenn eines dieser Systeme regelt. Es sollte dann unverzüglich der Fuß vom Gas genommen werden, außerdem ist grundsätzlich auf heftige Lenkbewegungen und stärkeren Bremsungen möglichst zu verzichten.

ESP soll dem Ausbrechen des Fahrzeugs (z.B. in Kurven) entgegenwirken. ASR soll ein Durchdrehen (Schlupf) der Antriebsräder vermeiden.

 Elektronisches Stabilitätsprogramm (ESP) und Anti-Schlupf-Regelung (ASR) ausgeschaltet. Das System bitte nur bei folgenden Bedingungen ausschalten:

- an verschneiten Steigungen, bei Schneematsch oder auf nicht geräumten, verschneiten Fahrbahnen, oder

- beim Freischaukeln oder Anfahren aus tiefem Schnee oder auf losem Untergrund, oder

- beim Fahren mit Schneeketten.

 Lenkunterstützung ausgefallen. Lenkbewegungen sind unter Umständen nur mit erheblichem Kraftaufwand möglich. Eine Werkstatt sollte umgehend aufgesucht werden.

 Die Reifendrucküberwachung meldet einen zu geringen Luftdruck in einem Reifen. Baldigst anhalten und prüfen, ob ein starker Luftdruckverlust sichtbar ist. Wenn ja, dann Reserverad, Notrad oder Reifenreparaturset gem. Handbuch verwenden. Wenn ein Luftdruckverlust nicht sichtbar ist, dann mit reduzierter Geschwindigkeit unverzüglich eine Tankstelle oder Werkstatt aufsuchen und den Luftdruck dort prüfen. Sollte der Luftdruck in Ordnung sein, dann müssen die Sensoren ggf. in einer Werkstatt kalibriert werden (siehe Handbuch).

Nebelschlussleuchte(n) eingeschaltet. Diese darf nur bei einer nebelbedingter Sichtweise von unter 50m eigeschaltet werden (nicht bei Regen und Schnee!).

Antiblockiersystem ist gestört. Wen das ABS gestört ist, dann könnten die Räder bei einer sehr starken Bremsung blockieren, was dieses System eigentlich verhindern soll. Achtung: ein Ausweichen ist mit blockierenden Rädern nicht mehr möglich! Eine Werkstatt sollte umgehend aufgesucht werden.

Kraftstoffwarnleuchte. Diese leuchtet, wenn der Kraftstoff (je nach Modell) nur noch für ca. 30 bis 50km reicht. Eine Tankstelle sollte daher unverzüglich aufgesucht werden!

Die Vorglühkontrollleuchte eines Fahrzeugs mit Dieselmotor leuchtet, wenn die Motoransaugluft unter einer bestimmten Temperatur vorgewärmt wird. Der Motor sollte erst unmittelbar nach dem Erlischen dieser Leuchte gestartet werden.

Scheibenwaschwasser fast aufgebraucht. Dieses sollte umgehend (im Winter mit Frostschutzmittel) aufgefüllt werden. Leider haben nicht alle Fahrzeuge diese Leuchte, was eine regelmäßige Kontrolle des Waschwasserbehälters erforderlich macht.

Rückstrahler

Die Rückstrahler (siehe Seite 16) können abseits der Beleuchtungseinrichtungen am Heck des Fahrzeugs verbaut sein oder befinden sich in den Rücklichtern integriert. Es ist bei einem PKW auf jeder Seite des Fahrzeugs je einer verbaut. Die Rückstrahler müssen vorhanden und sauber sein, sowie bei Dunkelheit reflektieren, was z.B. mit einer Taschenlampe geprüft werden kann. Außerdem dürfen diese keine Beschädigungen aufweisen.

Info: Rückstrahler sind rund oder viereckig, bei einem Anhänger immer dreieckig und sollen bei Dunkelheit das Fahrzeug besser sichtbar machen, auch wenn keine Fahrzeugbeleuchtung eingeschaltet ist.

Lenkung

An der Lenkung muss das Lenkspiel geprüft werden können. Das Lenkspiel ist der Weg, den man das Lenkrad bewegen kann, ohne dass sich die Räder bewegen.

Das Lenkspiel wird wie folgt kontrolliert:

1. Motor mit angezogener Feststellbremse starten (ggf. ist bei einigen Modellen der Motor nicht zu starten - siehe Betriebsanleitung).
2. Fahrerfenster öffnen.
3. Aussteigen und durch das geöffnete Fenster das Lenkrad drehen, dabei auf das Vorderrad schauen.
4. Das Lenkrad darf maximal 2-3 Fingerbreit bewegt werden, ohne dass sich dabei die Räder bewegen.

Damit die Bewegung der Räder besser zu erkennen ist, sollte das Lenkrad leicht ruckartig gedreht werden.

Info: Aufgrund der seit einigen Jahren verbauten modernen Lenksysteme ist das oben genannte Lenkspiel außergewöhnlich hoch. Heutzutage ist ein merkliches Spiel in der Lenkung bauartbedingt eigentlich inakzeptabel. Da die meisten Fahrerlaubnisprüfer ebenfalls dieser Meinung sind, wird das Lenkspiel nur noch sehr selten geprüft.

Bremsen

o **Betriebsbremse (Fußbremse)**

Folgende Punkte können geprüft werden:

1. Das Spiel, auch Leerweg genannt. Den Motor starten und des Bremspedal komplett durchtreten. Der Weg, den man das Pedal durchtreten kann, den nennt man Gesamtpedalweg. Nun ist das Pedal erneut mit viel Gefühl zu treten. Nach maximal 1/3 des Gesamtpedalwegs muss ein merklicher Widerstand zu spüren sein. Sollte dieser Weg, den man Spiel nennt, größer sein, dann ist unverzüglich eine Werkstatt aufzusuchen.

2. Das Pedal bei laufendem Motor komplett durchtreten. Dabei darf das Pedal nicht das Bodenblech oder die Fußmatte berühren. Wenn das Pedal dabei das Bodenblech / die Fußmatte doch berührt, dann ist sofort eine Werkstatt aufzusuchen.

3. Den Motor starten. Das Bremspedal etwa 30-40sec. treten und halten. Innerhalb dieser Zeit darf das Pedal nicht durchsacken bzw. nachgeben. Sollte dieses doch der Fall sein, dann ist Luft in der Anlage und das Fahrzeug muss vorsichtig in eine Werkstatt verbracht werden.

4. Den Motor abschalten und mehrfach das Bremspedal treten, bis die Betätigung des Pedals sehr schwer wird. Nun mit getretenem Pedal den Motor einschalten. Nach dem Einschalten des Motors muss das Pedal sofort absinken, ansonsten ist der Bremskraft-verstärker defekt und muss in einer Werkstatt unverzüglich ausgetauscht werden.

5. Bremsleuchten (in der Regel drei) prüfen. Eine zweite Person (Fahrlehrer) betätigt die Fußbremse und der Fahrschüler prüft die Funktion der Leuchten am Heck des Fahrzeugs.

6. Stand der Bremsflüssigkeit im Ausgleichbehälter unter der Motorhaube prüfen (siehe Seite XX).

o **Feststellbremse**
Folgende Punkte können geprüft werden:

- Bei angezogener Feststellbremse muss die dafür vorgesehene Kontrollleuchte (siehe Seite 18) leuchten und beim Lösen der Feststellbremse muss diese erlöschen.

- Die Feststellbremse ohne Betätigung des Entriegelungsknopfes anziehen, wobei der Hebel hörbar einrastet. Nach 3-5 "Knacks" muss ein merklicher Widerstand spürbar sein. Wenn nicht, dann ist eine Werkstatt aufzusuchen.
Info: Dieser Test ist nur mit einer klassischen Handbremse möglich, nicht z.B. mit einer elektrisch betätigbaren Feststellbremse.

- Die Feststellbremse fest anziehen, den Motor starten und den ersten Gang einlegen. Nun die Kupplung langsam kommen lassen, wobei das Fahrzeug sich nicht von der Stelle bewegen lassen darf. Sollte dieses doch der Fall sein, dann ist eine Werkstatt aufzusuchen.
Info: Auch dieser Test ist oft nur mit einer klassischen Handbremse möglich, da sich z.B. eine elektrisch betätigbare Feststellbremse beim Anfahren bei einigen Fabrikaten automatisch löst.

Flüssigkeitsstände

Folgende Flüssigkeitsstände müssen geprüft werden können:

- Motoröl   - Scheibenwaschflüssigkeit
- Kühlflüssigkeit   - Bremsflüssigkeit

o **Motoröl**

   Vor einer Kontrolle muss folgendes beachtet werden:

   → das Fahrzeug muss in einer Ebene abgestellt werden und gegen wegrollen gesichert sein,

   → vor einer Kontrolle muss der Motor bereits ca. fünf Minuten ausgeschaltet sein, damit das Öl in die Ölwanne zurücklaufen kann (einige Hersteller schreiben vor, dass das Motoröl bei warmen, andere Hersteller bei kaltem Motor geprüft wird. Angaben dazu findet man im Handbuch. Steht im Handbuch dazu nichts geschrieben, dann ist die Motortemperatur bei der Überprüfung irrelevant),

   → die Motorhaube muss entriegelt werden (die Entriegelung befindet sich in der Regel im Fußraum auf der Fahrerseite) und dann geöffnet werden.

Danach wird der Ölmessstab gezogen, mit einem Tuch abgewischt und wieder hineingesteckt. Nun wird dieser erneut herausgezogen und waagerecht gehalten. Der Ölstand muss sich nun zwischen der Minimum- und 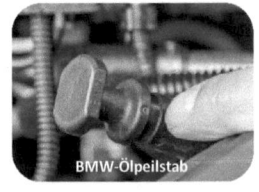 der Maximummarkierung befinden. Achtung - ist der Motor bereits längere Zeit in Betrieb, dann können das Öl und auch der Peilstab sehr heiß sein. Es besteht somit Verbrennungsgefahr!

BMW-Ölpeilstab

Sollte sich der Ölstand nahe der Minimummarkierung befinden, dann muss Öl nachgefüllte werden. Welches

Motoröl genau benötigt, das kann im Handbuch des Fahrzeugs nachgelesen werden.

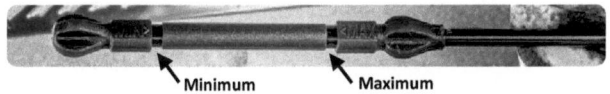

Info: Leider steht selten im Handbuch, wie viel Öl nachgekippt werden muss, damit der Stand von Minimum auf Maximum aufgefüllt werden kann. Bitte nie über die Maximalmarkierung auffüllen, denn das kann zu einem kapitalen Motorschaden führen!
Beim Auffüllen ca. 1/4 Liter nachkippen und dann mindestens fünf Minuten warten, damit das Öl in die Ölwanne laufe kann. Erst dann den Ölstab am Peilstab kontrollieren. Eventuell ist dieser Vorgang des Auffüllens mehrfach zu Wiederholen, bis die Maximalmarkierrung erreicht wird.

Bei einigen Fahrzeugen kann der Motorölstand auch im Fahrzeugdisplay abgelesen werden. Genauere Angaben findet man dazu im Handbuch des Fahrzeugs.

o **Scheibenwaschflüssigkeit**
Je nach Fahrzeug kann die Füllmenge des Behälters z.B. am Behälter selbst oder an einem Peilstab im Deckel abgelesen werden. Bei den meisten Fahrzeugen wird allerdings durch eine Displaymeldung oder durch eine Kontrollleuchte im Armaturenbrett angezeigt, dass diese Flüssigkeit aufgefüllt werden muss.
Wenn der Behälter aufgefüllt wird ist darauf zu achten, dass keine Verunreinigungen in den Behälter gelangen, da diese die Scheibenwaschdüsen unter Umständen verstopfen würden!

Zum Auffüllen des Vorratsbehälters Reinigungsflüssigkeit für Autoscheiben und Leitungswasser verwenden. Das

Mischungsverhältnis steht auf dem Behälter des Reinigungsmittels.

Rechtzeitig vor dem ersten Frost ist spezielles Frostschutzmittel für die Scheibenwaschanlage auf-

2er BMW

zufüllen, da ansonsten die Anlage einfrieren kann und dadurch Bauteile unter Umständen zerstört werden.

Das genaue Mischungs- verhältnis ist auf dem Behälter des Frostschutz- mittels zu finden.

Info: Fertige Mischungen aus dem Fachhandel sind meist recht teuer. Leitungswasser mit dem Reinigungsmittel (bzw. Frostschutz) zu mischen ist in der Regel deutlich günstiger!

Damit die Leitungen und Düsen bei Frostbeginn nicht gefrieren, sollte man diese mit Frostschutzmittel spülen. Dazu einfach die Waschanlagen der Front- und auch der Heckscheibe solange betätigen, bis dieses an den Düsen austritt.

Früher hat man in die Scheibenwaschanlage Spiritus als Frostschutzmittel eingefüllt. Spiritus ist zwar sehr günstig, jedoch kann dieses zu teuren Folgeschäden führen. Spiritus greift nämlich unter Umständen den Klebstoff der heutzutage eingeklebten Autoscheiben an, wodurch Wasser ins Fahrzeug eindringen kann. Noch schlimmer ist sogar die Tatsache, dass sich durch die angegriffenen Dichtungen eine Scheibe u.U. löst!

○ **Kühlflüssigkeit**
Diese Flüssigkeit kann in der Regel sehr leicht geprüft werden. Der genaue Stand lässt sich meist am Ausgleichbehälter, welcher in der Regel aus

2er BMW

durchsichtigem Kunststoff gefertigt wurde, ablesen. An einer Seite befinden sich meist Mini- und Maximummarkiereungen. Der Flüssigkeitsstand muss sich zwischen diesen Markierungen befinden.

Wie der Flüssigkeitsstand genau abzulesen ist, das kann im Handbuch nachgelesen werden.

Achtung: Beim Öffnen des Ausgleichbehälters ist darauf zu achten, dass der Motor abgekühlt i. Andernfalls kann

das heiße Kühlwasser gegebenenfalls durch den Druckverlust beim Öffnen des Behälters unter hohem Druck herausspritzen und zu Haut- und Augenverbrennungen führen!

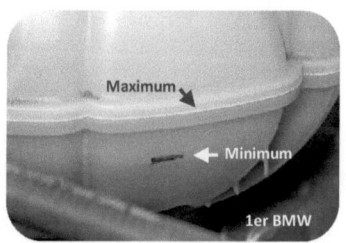
Maximum
Minimum
1er BMW

Info: Bei einem Flüssigkeitsverlust reicht das Nachfüllen von Leitungswasser im Sommer aus. Vor Beginn der kalten Jahreszeit ist der Frostschutz z.B. durch eine Werkstatt zu prüfen, welcher bei ca. -25° bis -30°C liegen sollte. Das Einfrieren der Kühlanlage würde unter Umständen sehr große Schäden verursachen!

Bitte nicht das Mittel der Scheibenwaschanlage einfüllen, da nur ein spezieller Frostschutz für die Kühlanlage geeignet ist. Genauere Informationen findet man auch hierzu im Handbuch des Fahrzeugs.

o **Bremsflüssigkeit**

Die Bremsflüssigkeit muss zwar regelmäßig kontrolliert, darf jedoch grundsätzlich nicht aufgefüllt werden. Es gibt nur zwei Gründe, warum der Flüssigkeitsstand im Ausgleichsbehälter absinken kann:

1. Durch den Verschleiß der Bremsbeläge, wobei diese ausgetauscht werden muss, wenn der Flüssigkeitsstand die Minimummarkierung erreicht oder gar unterschritten hat.

2. Durch eine Undichtigkeit der Anlage, z.B. weil eine Leitung beschädigt ist oder ein Marder eine Leitung angeknabbert hat.

Wird Bremsflüssigkeit nur aufgefüllt, dann wurde der Grund des Verlustes also nicht beseitigt!

Der Stand der Bremsflüssigkeit kann, ähnlich wie bei der Kühlflüssigkeit, in der Regel am Ausgleich-behälter abgelesen werden, welcher an einer Seite Mini- und Maximummarkierungen aufweist. Bei einer Kontrolle muss das Fahrzeug allerdings in der Ebene stehen.

Info: Den Verschluss des Ausgleichbehälters bitte nicht grundlos öffnen, da Bremsflüssigkeit hygroskopisch ist, es bindet also die Feuchtigkeit z.B. aus der Luft. Dieses hat zur Folge, dass durch den steigenden Wasseranteil der Siedepunkt der Bremsflüssigkeit absinkt. Durch die bei Bremsungen verursachte Hitze kann die Feuchtigkeit Dampfblasen bilden. Diese Dampfblasen würden dazu führen, dass der bremsende Fahrzeugführer "ins Leere" tritt, also kein Bremsdruck mehr aufbauen kann!

Durch diese physikalische Eigenschaft muss die Bremsflüssigkeit alle zwei Jahre gewechselt werden.

Bremsflüssigkeit sollte übrigens nicht auf die Haut, ins Auge und auch nicht auf den Autolack gelangen, da diese Flüssigkeit ätzend ist!

Damit der Stand der Bremsflüssigkeit bei einer Kontrolle besser erkennbar ist, kann leicht am Ausgleichbehälter gewackelt werden, damit sich die Flüssigkeit bewegt.

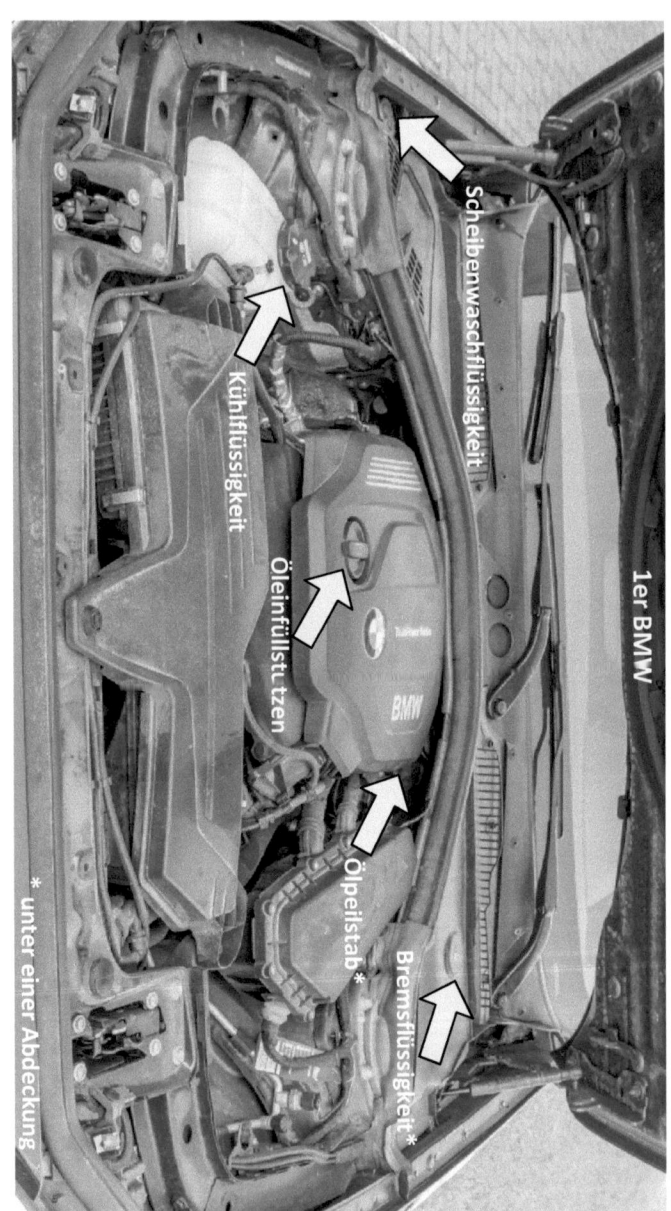

Scheibenwaschflüssigkeit

Kühlflüssigkeit

Öleinfüllstutzen

Ölpeilstab*

Bremsflüssigkeit*

1er BMW

* unter einer Abdeckung

Schlusswort

Ja, das war´s, nun habe ich alle prüfungsrelevanten technischen Themen an den Mann / die Frau gebracht.

Ich hoffe dass diese Lektüre eine gute Hilfestellung für den Leser war, um die "Technischen Sicherheitskontrollen" verständlicher zu machen.

Abschließend möchte ich dem Leser noch sehr viel Spaß bei der theoretischen und natürlich auch bei der praktischen Ausbildung wünschen!

Außerdem wünsche ich noch viel Erfolg bei theoretischen und auch bei der praktischen Prüfung. Mögen beide gleich beim ersten Versuch gelingen!

Mit den besten Wünschen

Gerhard Jeschull